宝带桥

◎ 主编 金开诚

◎ 编著 张笑筝

吉林文史出版社

吉林出版集团有限公司

图书在版编目（CIP）数据

宝带桥/张笑筝编著.—长春：
吉林出版集团有限责任公司，2011.4（2023.4重印）
ISBN 978-7-5463-4983-1

Ⅰ.①宝… Ⅱ.①张… Ⅲ.①桥－介绍－苏州市
Ⅳ.①K928.78

中国版本图书馆CIP数据核字（2011）第053383号

宝带桥

BAO DAI QIAO

主编/金开诚 编著/张笑筝

项目负责/崔博华 责任编辑/崔博华 钟 杉

责任校对/钟 杉 装帧设计/柳甫泽 王 惠

出版发行/吉林出版集团有限责任公司 吉林文史出版社

地址/长春市福祉大路5788号 邮编/130000

印刷/天津市天玺印务有限公司

版次/2011年4月第1版 印次/2023年4月第5次印刷

开本/660mm×915mm 1/16

印张/9 字数/30千

书号/ISBN 978-7-5463-4983-1

定价/34.80元

前　言

　　文化是一种社会现象，是人类物质文明和精神文明有机融合的产物；同时又是一种历史现象，是社会的历史沉积。当今世界，随着经济全球化进程的加快，人们也越来越重视本民族的文化。我们只有加强对本民族文化的继承和创新，才能更好地弘扬民族精神，增强民族凝聚力。历史经验告诉我们，任何一个民族要想屹立于世界民族之林，必须具有自尊、自信、自强的民族意识。文化是维系一个民族生存和发展的强大动力。一个民族的存在依赖文化，文化的解体就是一个民族的消亡。

　　随着我国综合国力的日益强大，广大民众对重塑民族自尊心和自豪感的愿望日益迫切。作为民族大家庭中的一员，将源远流长、博大精深的中国文化继承并传播给广大群众，特别是青年一代，是我们出版人义不容辞的责任。

　　本套丛书是由吉林文史出版社和吉林出版集团有限责任公司组织国内知名专家学者编写的一套旨在传播中华五千年优秀传统文化，提高全民文化修养的大型知识读本。该书在深入挖掘和整理中华优秀传统文化成果的同时，结合社会发展，注入了时代精神。书中优美生动的文字、简明通俗的语言、图文并茂的形式，把中国文化中的物态文化、制度文化、行为文化、精神文化等知识要点全面展示给读者。点点滴滴的文化知识仿佛颗颗繁星，组成了灿烂辉煌的中国文化的天穹。

　　希望本书能为弘扬中华五千年优秀传统文化、增强各民族团结、构建社会主义和谐社会尽一份绵薄之力，也坚信我们的中华民族一定能够早日实现伟大复兴！

目录

一、宝带桥的历史

　　宝带桥，始建于唐代元和十一年至十四年，相传是唐代苏州刺史王仲舒捐献宝带资助修建，人们为纪念王仲舒捐带建桥的义举，故取名为宝带桥。远远望去，长桥像一条玲珑秀美的玉带，浮于碧波之上。此桥历代屡经兴废，唐元和年间建成后维持了四百多年，宋、元、明、清又曾五次重建或重修。现在我们看到的宝带桥是明代正统十一年重建的。这座经历了千年风雨的石桥，往往令游人唏嘘不已。

（一）从京杭大运河说起

宝带桥位于苏州城东南约六里，距苏州蟾门仅三里，横卧在运河与澹台湖间的玳玳河上，这里是贯通江浙两省的陆路古道，又是宣泄太湖之水出海的重要津梁滋口。陆路衔接苏嘉古道，水上则是连接运河与吴淞江的隘口，桥址为

古代贯穿江浙的交通要道。宝带桥的修建，同古时漕运的发展有直接的联系。

江浙一带，自古为鱼米之乡，历代帝王无不以此作为征敛财赋的重地。隋大业六年（610 年），隋炀帝开凿江南大运河，开辟水路，将大量江浙的粮食和珍宝运往京都。到唐代，漕运已空前繁忙，每年从东南运往京师的漕运粮食不下四十万斛，大批粮食经由大运河千里迢迢运往北方。

从苏州到嘉兴的一段运河，系南北

方向，载满"皇粮"的漕船，秋冬季节要顶着西北风行进，不背纤是很困难的。然而，纤道在澹台湖与运河交接处，却有个宽三四百米的缺口，需填土作堤，"以为换舟之路"。可是，一旦"填土作堤"也就切断了诸湖经吴淞江入海的通路，且路堤又会被汹涌湍急的湖水冲垮，以桥代堤成为燃眉之急。

而当时京杭大运河和澹台湖之间的玳玳河，地处要冲，肩负南北通衢，"自

澹台诸湖而来众水"经运河"并入淞江"。
唐代元和年间，朝廷一方面加强了运河
两边的卫戍，另一方面又广修纤道。而
澹台湖口有三百多米的湖面，纤道被阻
断，漕船至此困难重重。为了方便拉纤
引船，又不切断太湖水入海的通道，还
要考虑到船只的通行，便在玳玳河上设
计建造了这样一座独具个性的石拱桥。

（二）宝带桥名字的由来

宝带桥始建于唐元和十一年（816年），元和十四年完工，历时四年。当时的苏州刺史王仲舒，为保证漕运的顺利畅通，决计下令广驳纤道，建桥湖上，并且变卖自己的玉质宝带，筹建此桥。当地士绅深为感动，纷纷解囊捐赠，兴工建桥。桥为"挽道"，一反江南常规，

不取"垂虹架空"之石拱型，而是设计为
"宝带卧波"之长堤型桥。为使湖水通畅，
于是采用多孔、狭墩结构。为纪念王仲
舒捐带建桥的义举，当地人民将此桥命
名为宝带桥，宝带桥之名由此而来。

　　王仲舒（762—823 年），今山西太原
人。唐朝文学家。少好学，工诗文。历
任苏州刺史、洪州刺史、中书舍人等。
元和年间（806—820 年），在南昌奖励

文学，文风盛开。还邀请当时担任袁州刺史的韩愈来到南昌，对南昌文学的发展作出了重要贡献。作有《滕王阁记》和《钟陵送别》等。流传下来的诗有《寄李十员外》："百丈悬泉旧卧龙，欲将肝胆佐时雍。唯愁又入烟霞去，知在庐峰第几重。"王仲舒善书法，尝书唐光福寺塔题名：《唐书本传》及《金石略》。此外，王仲舒还是滕王阁的建设者。

尽管南昌是王仲舒人生历程中最重要的一站，但真正让他名垂千古的却是用玉带换来的宝带桥。王仲舒治苏期间"变屋瓦，绝火灾，赋调常与民为期，不扰自办"，深得百姓爱戴。鉴于当时的漕运状况，他立志要在古运河之侧建造一座长桥，但是在运河上造一座长桥需要巨额费用，一时又难以筹措，于是便有了变卖玉带的举措。

我国历史上不乏因人而得名的建筑景观。如苏堤、白堤等。这些因一己之举造就了千古名胜的封建士大夫，以身作则，身体力行，实践了儒家"达则兼济天下，穷则独善其身"的信条。也是教育后世为官者，"情为民所系，利为民所谋"的绝佳历史教材。

此外，民间还有一说，即因桥似宝带浮于水上而得名。由于宝带桥特殊的长度和形制，这个特点是显而易见的。

（三）宝带桥的荣衰兴废

宝带桥自建成至今已有1160多年了，在漫长的岁月中，它饱经沧桑，受尽了

磨难。据资料记载，宝带桥曾因毁坏而7次重修。其中，既有洪水等自然灾害的原因，也有维修不善等人为原因。

自唐代元和十四年建成后，宝带桥在宋代、明代、清代都又曾重建。唐代的宝带桥经四百多年后，到南宋绍定五年（1232年）才重建。尔后，又屡损屡建，曾搭木桥以渡，"每有覆溺之患"。到了元代，僧人善住经过此桥，曾赋诗颂桥：

"借得他山石,还将石作梁。直从堤上去,横跨水中央。白鹭下秋色,苍龙浮夕阳。涛声当夜起,并入榜歌长。"诗中的"苍龙""石作梁"之句,都说明当时的宝带桥已是一座长长的石拱桥了。明正统年间(1436—1449年),重建工作又由工部右侍郎巡抚周忱与当地知府朱胜主持。正统十一年(1446年)兴工,当年冬十一月落成,历经四年而重建宝带桥,桥"长

千三百二十尺，洞其下凡五十有三，高其中之三，以通巨舰"。建成五十三孔石拱桥，基本上已是今桥的体制与规模了。康熙九年（1670年）宝带桥被大水冲毁，康熙十二年又被修复。道光十一年（1831年），由林则徐主持修理，时费"工料银六千六百七十两有奇"。清咸丰年间和抗日战争时期，由于英帝国主义和日本侵略者的破坏，毁损相当严重。据倦圃野

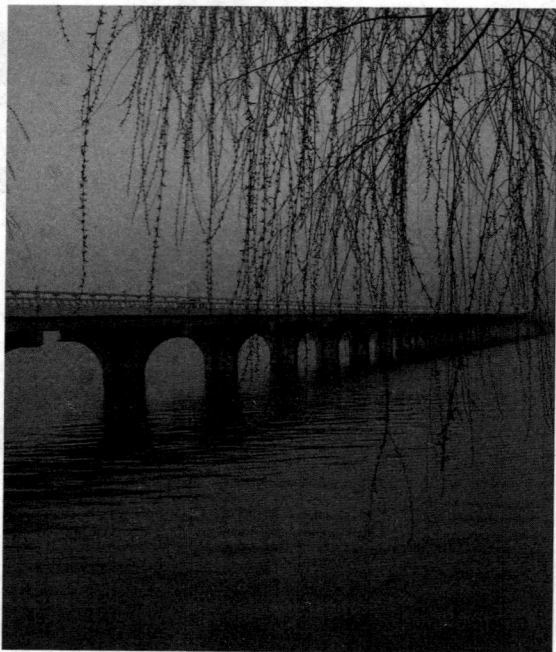

老的《庚癸纪略》记载，1863 年 8 月 19 日为了通汽船，捉民夫拆去宝带桥两孔，接着连续坍塌了二十五孔，压死兵勇五人。"咸丰十年（1860 年）毁三孔"（又一说为同治二年，即 1863 年），清咸丰十年（1860 年）9 月 29 日，洋枪队头子戈登为了使他的座船"飞而复来号"驶过宝带桥镇压桥西的太平天国起义军，竟悍然毁去桥之大孔，致使宝带桥连续

倒塌了26孔。戈登在寄回英国的信中称，这条汽船就是这个英国殖民主义者乘坐着去指挥洋枪队攻袭太平军的"飞而复来号"轮船，信中还说："桥崩塌时发出震人的响声，我的小船险些被碎片击沉……这桥的崩塌恐怕应归咎于我，因为我曾拆去它的一个拱洞让汽船驶入太湖，这桥的拱洞是一个重叠在另一个上面，拆去一个拱洞，自然其余的便随之倒塌了。"清同治十一年(1872年)，宝带桥再次重建。

抗日战争(1937—1945年)时，南端

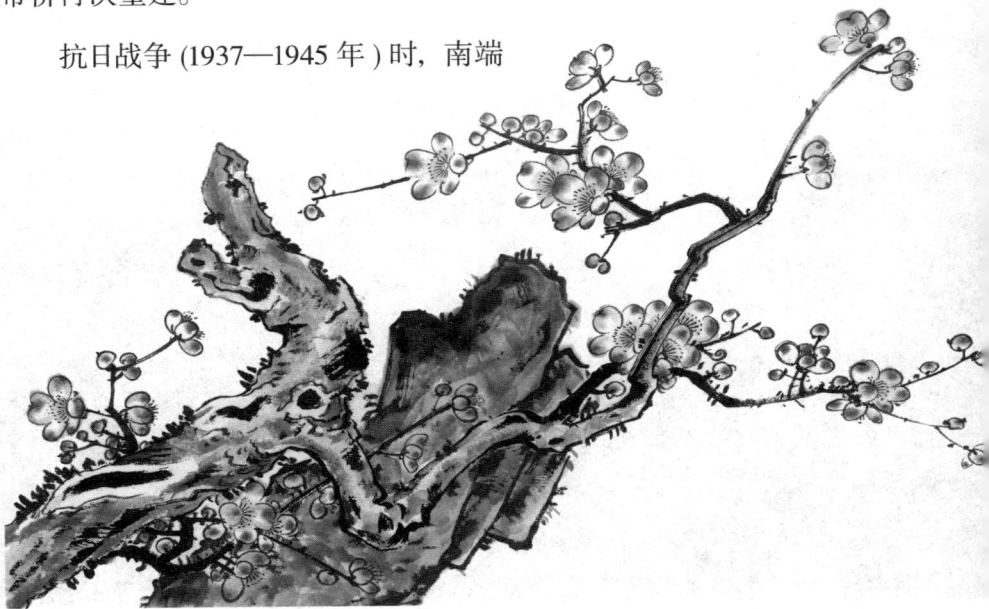

一段有 6 个桥孔被日本侵略军用飞机炸毁。此时宝带桥已是千疮百孔、破败不堪。中华人民共和国成立后，人民政府根据明代的规模和形制，于 1956 年修复了这座古桥。修复后的宝带桥，桥拱照原样用花岗岩砌成，桥面和两端桥堍也照原样进行了修缮，并把坠入河中的 4 只石狮打捞出来，安装就位。

1972 年，国家又在古桥西面 30 米处新建了一座公路大桥，与古桥并卧在澹台河上，古桥被作为文物而供人游览。

1981 年，由江苏省文化局拨款，对古桥进行了全面维修。苏州市邮局拔除了"栽"在桥上已有五十多年的电话线杆，使古桥恢复了原来的风貌。

2001 年 6 月 25 日，宝带桥作为明代古建筑，被国务院批准列入第五批全国重点文物保护单位名单。

现在，宝带桥上遗存各种不同材料的石材，这就是宝带古桥的历史见证。

二、精湛杰出的技术成就

宝带桥工程浩大、规模壮观，在古代中外建桥史上是极其罕见的。英国人马戛尔尼所著《乾隆英使觐见记》中，在从镇江往杭州的运河道的日记中云："七日礼拜四晨间抵常州府……又过三小湖，乃互相毗连着，其旁有一长桥，环洞之多，几及一百，奇观也。"

那么这座桥究竟奇在哪里呢？奇就奇在它巧夺天工、精湛杰出的技术成就。

作为一座有一千多年历史的多孔石拱桥，宝带桥在建桥技术和建筑技术上都有许多独特的成就，这座长达 317 米的大桥，其一砖一瓦都是无数能工巧匠用智慧与心血铸就的。

（一）采用了"多铰拱"

用石料造拱桥，在我国有悠久历史，拱圈砌筑方法多种多样，但不外乎两种类型，一是纵向并列法，即将石块砌成一片片单独拱圈，这些拱圈纵向排列，

并用勾石、腰铁等联结成整体,如赵州桥;
二为横联法,即把石块砌成与桥面同宽
的一条条长条石,并把这些长条石按弧
形砌成整体拱圈,如卢沟桥。

宝带桥的砌拱法,既不同于赵州
桥的单拱并合,也不同于卢沟桥的条石
弧砌,而是采用了结合两者长处的多铰
拱。这在古代建桥史上是极罕见的。虽
是江南水乡常见的石拱桥,但它设计精
巧、结构奇特。它不用既高又陡的形式,
而是建成平坦宽阔的长桥,以便于挽舟
拉纤,因而古来纤夫皆受其利。古代澹
台湖宣泄太湖之水,也是通往吴淞出海

的重要水口，在此建桥宜大忌小。因此，设计者不用冗长繁复的实体墩，却建成了53孔的连孔桥。这种建法不仅减轻了桥自身的重量，有利于大桥的长久保存，而且还增加了净空，洪水可以畅流无阻。

宝带桥两法兼用，用与桥同宽的长条石，将整个拱圈分成若干隔间，每个隔间用块石砌成一片片弧形短拱，各片合拢，再与一长条石合而成为整体拱圈。每两块拱石间，用"榫头"及"卯眼"拼接，这样，当拱圈受力时，拱石可微微

移动，自行调整不平衡之内力。由于"禅卯"具有铰接作用，用这样的方法砌成的拱桥，叫作多铰拱。同时，"拱圈千砌，不用灰浆"。当然，干砌拱圈对石料加工的要求较高，砌筑工艺也比较复杂，这也正说明古时匠人用石之妙，造诣之高超了。

（二）采用了"柔性墩"

宝带桥的另一个特点就是摒弃了以往较为粗壮的重力式桥墩，大胆采用了轻巧的柔性墩，可防止多桥孔连锁倒塌。每座拱圈的两端拱脚，分别砌在两座桥墩上，每座桥墩支持着相邻拱圈的拱脚，两拱之间形成一个三角地带。桥面与拱圈之间的空腹内，夯填三合土，空腹两侧，石砌肩墙。这样一来，桥面荷重由腹腔填土直接传递至桥墩身的推力。宝带桥为了避免实体墩会阻碍泄洪、且费工料、增加桥身的自重量的局限，采用了柔性墩。柔性墩的问世，反映了拱桥传力途径的变化，以达到省工、省料的目的。同时，墩身尺寸减小，使全桥桥身不至于过多压缩于水面，有利于宣泄水流和船只来往。墩基用的杉木桩，直径为15—20厘米，每墩60根，分5排，每排12根，桩长120厘米左右，

桩距约 80 厘米，排列紧密，木桩上铺
大条石或铺垫两层大块石，上面再砌墩
身，这种桥墩比实体桥墩轻，又利于泄
洪，因河底表层土质松软，采用木桩基
础可将上部结构的重量传到深处承受载
力较强的地基上，一般不会造成基础的
不均匀沉降，这就保证了基础的相对稳
定，它可以减少阻水面积，节省石料用量。
但缺点是只要一孔的拱圈受力后，会牵

动两边桥孔，把力传到其他各个桥孔上去。如果一孔坍塌，会导致和它相连的两个桥孔失去平衡，造成坍塌。

值得一提的是，在宝带桥的五十二座桥墩中，并非全是柔性墩，驼峰南首即自北数第二十七号墩砌成两个并立的桥墩，即单向推力墩，又称刚性墩。这座桥墩体量较大，依靠它的自重可以平衡单方面的推力，一旦邻孔破坏，而不致于波及另一端各孔的安全。据传英军戈登与太平军作战时，曾拆掉此桥的最大一孔，致使北部26孔全部倒塌，但刚性墩以南26孔未遭破快，可见其安全牢固。

(三) 采用了"刚性墩"

在宝带桥的二十七与二十八孔之间，是由两个桥墩并立而成的，宽度为 2.23 米，是其他墩宽的三倍多，而且比其他墩长 80 厘米，上面还放置着"镇妖石塔"一尊，成了可靠屏障。这种墩现在称为刚性墩，因它能承受单向拱推力，也叫单向推力墩。现在建造多孔连拱桥时，每隔 3 至 5 孔必须建造一座刚性墩。这种墩不仅宝带桥有，江苏吴县的行春桥（九环洞桥）等也有，说明五百年前我国桥工已形成了这样的概念，这是桥梁技术史上的一大成就。宝带桥桥跨（最大跨度为 6.95 米）与墩宽比是 11.6∶1，从而使桥下泄水面积达 85%，居世界古拱桥的首位。古罗马及欧洲的古石拱桥都采用厚墩，如 13 世纪初建成的英国老伦敦桥，桥跨与墩宽的比例竟达 1.3∶1（34 尺∶26 尺），阻水面积大，桥型显得笨重。直到 18 世纪法国桥梁大师贝龙（1708—1774 年）从理论上证明桥跨与墩厚比可以达到 12∶1—10∶1，欧洲才出现了薄墩桥，但还是不及宝带

桥桥墩薄。这使我们清晰地看到我国古
代能工巧匠的惊人智慧。

（四）讲究桥面建筑艺术

　　宝带桥造型优美、技术精湛，整
个桥身用整洁细密的青石和当地坚硬素
雅的金山石砌成。同时，桥面的建筑艺
术处理得亦独具匠心。原来桥的南北两
端各竖有石狮一对，如今北端一对仍然
蹲着迎接来往的行人，而南端的一对已
不复存在。在北堤和自北数第二十七至

二十八孔之间的河道上，各建有石塔一尊，底座两层均为正方形，下层刻海浪，上层刻云纹。底层重檐，其他各层皆单檐，顶层塔较长，腰檐上置平座，座周围布以栏杆。塔顶雕刻砚莲、宝顶等。此二塔风格古朴、造型挺秀，经鉴定为宋代遗物。说明宋时宝带桥上就建有宝塔，传说此塔为镇水而建。

此外，宝带桥还建有石狮和碑亭，既丰富了桥的内容，又显示了官府造桥

的气派。

碑亭离北堤石塔相去不远，单檐歇山顶，石质仿木结构，方形，边长 4.32 米，高 6.13 米。据民国《吴县志》记载，碑亭建于清代同治十一年（1872 年），内置有清代张树声（振宪）的碑记，据此可以知晓宝带桥的历史。

宝带桥不仅改善了大运河和澹台湖之间的交通状况，而且因其风格绚丽、桥型雄伟、建筑精巧，桥址又正处在大运河与澹台湖的汇合处，加上周围有青

山绿水相衬，湖光山色、碧辉相映，恰似飘动在水乡原野上的一条宝带，更显绮丽多姿，实在令人陶醉。其中三孔联拱特别高，以通大船，两旁各拱路面逐渐下降，形成弓形弧线。全桥构造复杂而又结构轻盈、风格壮丽、奇巧多姿，成为江南名胜。

（五）统一中有变化，小处不小视

　　宝带桥桥面宽阔平坦，系用青石夹花岗岩砌筑而成。桥身狭长如带，下由五十三孔联缀而成，都是半圆形的券形拱，拱圈皆近于半圆形，拱高约等于孔之半，拱圈上都有护拱石，在三大孔的护拱石上各有一道凸起的眉拱，以增加桥拱的立体感。宝带桥一孔连接一孔，组成了五十三孔的连续拱桥，亦称连拱桥。

　　宝带桥全长 317 米，桥宽 4.1 米，北

端引道长 23.4 米，南端引道 43.06 米。桥拱跨径一般都在 3.9 米左右，唯有中部三孔中，孔跨径最大的达 6.95 米，高达 7.5 米。桥面平坦，符合功能要求，大运河上来往船只需纤夫拉曳，平直桥面适合纤夫行走。为了通行大船，将其中的十四至十六孔增大，兼顾泄水、通船的要求。桥堍成喇叭形，下端宽 6.1 米。桥两端各有一对威武的青石狮，北端还有四处碑亭和五级八面石塔各一。石塔高 4 米，以整块青石雕凿而成，底座呈正方形，刻海浪云龙纹；塔檐也均以石

块刻成。每级八面，各面雕凿佛龛，内镌刻小佛像。在二十六与二十七孔间水磐石上，也有同样的石塔一座。

从这些统一中的巧妙变化、粗致的细节中，我们可以看出建桥人心思的细腻与工艺的精湛，除了表示感叹敬佩之外，对于当今的桥梁建筑，宝带桥可资借鉴的地方，也有很多很多。

三、有关宝带桥的诗词与传奇

历来，名胜古迹便与诗词歌赋及民间传说关系密切，名胜古迹孕育了诗词，诗词又使得名胜古迹更加闻名。宝带桥便是由诗词传说而引人入胜的古迹之一大例证。

（一）千古文人，千古一桥

试想这样的场景：暮春时分，四周

田野里油菜花金黄，河两岸杨柳碧绿，阳光下河水波光粼粼，远处长方山一脉葱翠。"长虹卧波、鳌背连云"的宝带桥，与周边的环境结合的竟是如此和谐巧妙。任是何人，行走在桥上，也会不觉进入宋词的意境。

元代僧人善住经过此桥时，写下了这样的诗句："借得他山石，还将石作梁。直从堤上去，横跨水中央。白鹭下秋色，苍龙浮夕阳。涛声当夜起，并入榜歌长。"从中可以看出，早在元代，宝带桥已不

仅是一座颇具规模的石拱桥，而且还肩负着繁忙的运输任务。

明代的王笼咏宝带桥："春水桃花色，星桥宝带名，鲸吞三岛动，虹卧五湖平。"在他简洁的二十字背后，我们仿佛看到群山起伏，原野千顷，远山近水，浑然一体，构成了如画般的风景。

"澹台湖水绿如油，宝带桥平匹练浮，好种碧桃三万树，年年花里作春游。"这是清代诗人陆世仪吟咏的宝带桥景色。尤其是明月当空，每个桥洞各呈一个月影映于湖面，"瑶台失落凤头钗，玉带卧水映碧苔，待到中秋明月夜，五十三孔照影来。"

有首月夜泛舟宝带桥的诗，写得最为优美："琉璃世界一无尘，海阔天空太湖滨；五十三孔停桨问，月华浓处是姑苏。"

清代顾侠君的《清嘉录》记载："十八日昏时，游石湖观宝带串月。"顾侠君还

有一首长诗，记录宝带桥观串月的情状，写得细腻真切，若不是身临其境是写不出来的。现录于此——《串月歌》咏之云："治平山寺何费蛲，湖光吐纳山连遥。烟中明灭宝带桥，金波万迭风骚骚。年年八月十八夜，飞廉驱云落村舍。金盆山水耀光芒，琉璃进破银瓶泻。散作明珠千万颗，老兔寒蟾景相吓。鱼婢蟹奴争献奇，手搴桂旗吹参差。水花云叶桥心布，移来海市秋风时。吴侬好事邀亲客，舳舻衔尾排南陌。红豆新词出绛唇，粉胸绣臆回歌席。绿蚁淋漓柁桥倒，醒来月在松杉杪。"

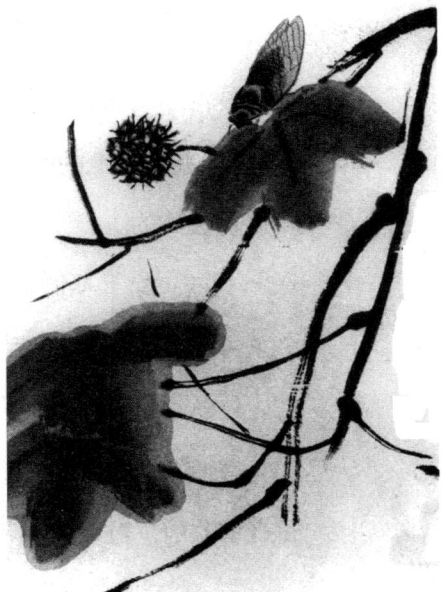

这些诗词，都充满画意的笔触，形象地勾勒出宝带桥"长虹卧波,鳌背连云"的宏伟景象。

（二）马戛尔尼的惊喜

18 世纪末期，英国人马戛尔尼千里迢迢来到中国，见到了乾隆皇帝，却为下跪的问题闹得很不愉快。有学者认

为，马戛尔尼和乾隆的相见，一个代表
着世界上最强大的帝国，一个代表着世
界上最古老的帝国，他们都有傲慢的资
本，再加上文化上的巨大差异，产生矛盾、
冲突是必然的。

　　不过，除了不愉快，一路上中国这
个东方古国的自然风光和人文景观，还
是让马戛尔尼感受到惊喜。1793 年 11 月
7 日，他在日记里写道："七日礼拜四晨
间抵常州府，过一建筑极坚固之三孔桥，

其中一孔甚高，吾船直过其下，无需下椗……已而又过三小湖，乃互相毗连者，其旁有一长桥，环洞之多，几及一百，奇观也。"

其同伴摆劳氏《从中国旅行记》中也说道："此种世间不可多见之长桥，惜于夜间过之。后有一瑞士仆人，偶至舱面，见此不可思议之建筑物，即疑神数其环洞之数，后以数之再三，不能数清……"

就连那傲慢的英国人都连呼"奇观"，我们只能再次感谢先辈用不可思议的智慧与汗水，造就了这不可思议的东方迷梦。

和人一样，一座桥也有它的盛年。在以河运为主的时代，宝带桥见证了无数南来北往的船影，那些来来往往的船只，不知承载了多少历史风云。

（三）神仙造的桥

除了王仲舒变卖玉带筹资建桥外，在苏州当地，还有个更富民间传奇色彩的传说。

相传，在澹台湖边上有座庙，庙里

住着一位老和尚。百姓们很想在澹台湖边上建一座庙，可是风又大水又急，不好打桩。有一个深夜，老和尚忽然听到有人敲门，他很奇怪——这庙周围很少有人家居住，这么晚了也很少有人路过。他起来打开庙门，一看，有老人，有小伙子，还有一个漂亮的姑娘，一共八个人。老和尚不知道这些人是干什么的，就推脱说："我的庙小，没有地方可住啦！"那八个人说："我们还没吃饭哩。"老和尚极为不高兴地回答："庙里没有斋饭啦。"

这时有个人从随身带的葫芦里倒了一把米，又放了一包红枣在米里，对老和尚说："那烦请您用这些米烧点红枣饭吧！"

不一会儿，饭烧好了，满屋浮动着香味，八个人很快就把饭吃完了。老和尚准备收拾枣核和碗筷时，一个人告诉他说："这枣核还有用呢。"和尚笑道："你们可真是奇怪，枣核能有什么用？"

饭后，那八个人每个人手里拿了把枣

核，向老和尚道谢后，出门向澹台湖走去，老和尚替他们着急，再走过去就是湖了，正要向那八人喊时，却看到他们在湖面上如履平地，一边走一边往湖水里撒枣核，走着走着就不见了。老和尚这才如梦方醒，心想："这八人莫非是八仙？"

天亮了，老和尚看到昨晚那八个人走过的湖面上，长出了粗粗的木桩，苏州刺史王仲舒知道后，明白是老百姓们一心造桥的愿望感动了仙人，于是他用镶满了珍珠翡翠的宝带换来三千两白银，架起了长达一百多丈的大曲拱桥。

另外还有一个传说。上古时代，天庭里住着一位仙女，虽然过

着无忧无虑的生活，却常常很寂寞。平日里常听其他仙女说人间有一个地方叫姑苏，那里山清水秀、土地肥沃、物产丰富，人们安居乐业，过着神仙似的生活。

有一日，她终于动了凡心，悄悄地离开了天庭，驾着祥云，来到了太湖的上空。此时五百里太湖，风平浪静，七十二岛像散落的珍珠一样镶嵌在湖面上。天色已近黄昏，湖面上白帆点点，正值渔民满载鱼虾归航。向东飞过天平、灵岩二山，

仙女来到姑苏城上空。低头看时，只见
行人车马熙熙攘攘，丝竹管乐隐约可闻。
此时仙女拨转云头，霎时来到澹台湖上。
澹台湖虽小，却白浪滚滚，煞是险恶。
忽见一叶小渡船，在巨浪中艰难地行进。
湖的两岸聚集着南来北往的过客。仙女
看着他们焦急的神情，动了慈悲恻隐之
心，便解下腰间的玉带，随手抛向湖面。
玉带在风中飘飘荡荡，落到湖面上，便
化为一座五十三孔的石桥。湖水顷刻风

平浪静，原来是玉带镇住了湖中兴风作浪的湖怪。两岸人们欢呼雀跃，首次步行走过了澹台湖。

被镇住的湖怪，却附在桥头的石狮上。后来也常幻化成女身，在周围的村庄作孽，迷惑青壮年。终于有一位不被女色所惑的美少年，趁女妖吐舌害人的时候，挥剑将她的舌头斩下。从此村民恢复了往日的平静。不过，今天的宝带桥上，真的有一座石狮是断了一截舌头的。

由于此桥为仙物所化，桥孔数目也

变化无常。有个渔民想了个办法，他带上了一百根竹签，依次在每个桥孔下放上一根，最后剩下四十六根。然而，当他数收回的竹签时，却发现只有五十三根竹签。据说，当地有两个小学生刚学算术时，也试着想弄清宝带桥到底有多少孔，却总是你说五十三，我说五十四。

每当月圆之夜，几百米长的宝带桥横卧湖口，似长虹卧波，如宝带沾水，极为壮观。而当明月当空，53 个桥孔便出现 53 个月影，连接成片，妙趣横生。

神仙造桥的传说当然经不起推敲，也不严密，但我们对于民间传说也不要太苛刻了。最重要的是，当地传说反映出了中华儿女世世代代期望天遂人愿的美好愿望。

（四）澹台湖与澹台灭明

前文一再提到，宝带桥横卧在美丽的澹台湖上。提到这澹台湖，又有一段

传奇。

澹台湖位于江苏省苏州市吴中区长桥镇，这里绿水环绕、碧波荡漾。宝带桥便横卧在湖的西边。现在，在湖的北面新建了一个澹台湖公园，公园融中西建筑风格于一体，垂柳绕岸、绿草成茵，成为游客憩息游览的好去处。

澹台湖名字的由来，跟历史上一位传奇的孔门弟子有关——澹台灭明。澹台灭明，字子羽，比孔子小39岁，鲁国人。长相额低口窄，鼻梁低矮，不具大器形貌。澹台灭明投师孔子门下，孔子见他相貌丑陋，认为他没有大器之象，不愿收其为徒。后因有碍于自己"有教无类"的

主张，遂勉强收为弟子，但依旧以貌取人，对他颇为嫌弃。澹台灭明受到冷遇后，毅然退出孔子的弟子行列，但更加发奋求学、严谨修行。

子游做武城宰时，孔子问："你在那里遇到什么人才了吗？"子游说："有位叫澹台灭明的，做事从不走捷径或投机取巧，如果没有公事，他从不到我屋里来。"

后来，澹台灭明往南游学到吴地（即楚国，后老死在楚国），在今天的澹台湖

这片地方，结庐修学，跟从他学习的有三百多人。他有一套教学管理制度，影响甚大，是当时儒家在南方的一个有影响的学派。孔子听到这些消息，感慨地说："吾以言取人，失之宰予（孔子的另一个学生）；以貌取人，失之子羽（即澹台灭明）。"意思是，"我凭语言判断人，看错了宰予；凭长相判断人，看错了子羽"。成语"以貌取人"便由此而来。

澹台灭明重义轻财。据《括地志》记载：一次，澹台灭明携带一块价值连城的宝玉渡河，舟至河心，忽有二蛟从波涛中跃出，对渡船成夹击之势，欲夺宝玉。澹台灭明气愤地说："吾可以义求，不可以力劫。"遂挥剑斩二蛟于河中，并将宝玉投入水中，以示自己毫无吝啬之意。他的这种高尚品德影响了一代又一代鲁人。数千年盛行于齐鲁大地的"宁让钱，不让言"的鲁国遗风，可以从澹台灭明身上找到影子。

澹台灭明德行高尚、学识渊博，尽管遭遇不公，仍以孔子为宗师，崇奉孔子学说，专释春秋大义及修身、齐家、治国、平天下的道理，教导学生读《三坟》（即伏羲、神农、黄帝之书）、《五典》（即少昊、颛顼、高辛、尧、舜之书）、《八索》（乃八卦之说）、《九丘》（九州之志）等古书，兼习"六艺"。在教学中提倡"学

而不厌""发愤忘食"的学风,"诲人不倦""有教无类"的教学态度,"不耻下问"的学习精神,"温故而知新""学而时习之"的学习方法……培养了一批学有造诣、人品端正的学生,因而贤名远扬,其才干和品德传遍了各诸侯国。

澹台灭明去世后,其弟子将他安葬于武城故里(今平邑县魏庄乡土桥村西300米处)。东汉明帝永平十五年(72年)祀孔子及七十二贤,他是其中之一。唐玄宗开元二十七年(739年)被封为"江伯"。

宋真宗大中祥符二年（1009 年）升为"金乡侯"，儒家传人将他列于曲阜孔庙大成殿前西庑内从祀孔子。明天启四年（1624 年），在费县关阳司建二贤祠，主祀曾参、子游。清乾隆三年（1738 年），关阳司巡检胡世祚将澹台灭明由从祀改为主祀，并将二贤祠更名为三贤祠。清嘉庆十三年（1808 年），粮道孙星衍将钱泳手书墓碑一座立于澹台灭明墓前。

澹台灭明游学期间，游历到过吴国，在现在澹台湖的地方结庐修学，招收门徒，通俗地讲，就是开设学堂。由于地理的变迁，岁月荏苒，沧海桑田，当年澹台灭明结庐的地方陷落成了一个湖泊，当地人为了纪念澹台灭明，便将湖泊命名为澹台湖。

我们要感谢澹台灭明的不妄自菲薄和不自暴自弃。而在这漫长的岁月中，有多少本来可以成就一番事业的人，却因为师长、亲友的否定，就这么泯然众人了？又有多少像澹台灭明那样的人才，能不因他人之言动摇自己的信念和信条，成就了自己，也成就了历史和传奇？

站在宝带桥上远眺公园，澹台湖波

光粼粼、水汽氤氲，犹如一幅美丽的千米画卷徐徐展开，满园景色尽收眼底，令人流连忘返。

千年的误会和遗憾早已灰飞烟灭，展现在我们眼前的，只有这十里平湖，百米长桥，和晚风徐来时，那耀眼的夕阳余晖。

（五）苏州好，串月有长桥

清代沈朝初做过一首词《忆江南》："苏州好，串月看长桥。桥影重重湖面阔，月光片片桂轮高。此夜爱吹箫。"

苏州习俗，农历八月十八日有看串月之举，所谓"串月"就是在一座桥的数个桥洞的水中可以看到一串月亮，如同一长串塔灯倒映在水中，宝带连环，湖水渺渺，水影相接，煞是好看，是一年一度的盛事。但看串月的地点、时间，有谁真正看到了"串

月"，自然景观究竟有多美等一连串问题，仔细考查起来，疑问不少。

1. 何处看串月？

据记载，苏州能见"串月"者，实有多处。一说是石湖畔的行春桥。前文提到的沈朝初的《忆江南》，有注说："行春桥，跨石湖之上，八月十八日月光初起，

入桥洞中，其影如串。"明代卢熊《苏州府志》也有记载说："十八日昏时，登楞伽山，遥望湖亭，士女为看串月之游。"据清代吴县顾录撰写的《清嘉录》记载："(八月)十八日，游石湖，昏时，看行春桥下串月。"徐私、张大纯写的《百城烟水》里说："八月十八日，群往楞伽山(即上方山)望湖亭看串月，为奇观。"

有人说，看串月必须在一定的地点。据顾录记载："或云：'十八夜串月，从上方山塔铁练中看出。'是夜月之分度，适当铁练之中，倒影于地，联络一串，故云。"

关于观赏串月，文人墨客，留下了宝贵的文字。蔡云作了一首七绝《吴歈》："行春桥畔画桡停，十里秋光红蓼汀，夜半潮生看串月，几人醉倚望湖亭。"把当时游人饮酒望串月的情景描写得生动逼真。有个叫尤西堂的人也写过一首诗："常是携儿看串月，行春桥畔听吹箫。"由于看串月名声很高，也有乘兴而

去，败兴而归的。有位叫徐士铲的诗人写了一首《吴中竹枝词》，颇有牢骚："秋风十里绿蒲生，串月看来虚有名，十八桥环半遮没，渔村一点水边明。"估计那夜，天上没有月亮，秋风大作，天气较冷，游兴自然淡了。不过一般来讲，当时游湖吹箫，登山看串月，颇有雅趣，也确实是很热闹的。

二说的是澹台湖畔的宝带桥。据《钱牧斋轶事》载："石湖东数里宝带桥，

十八日夜，月光出土，正对环洞……桥西
（澹台湖）波面一环一月，连络横流，荡
漾里许。……吴梅村（吴伟业）屡欲观
之，而终不果。唯牧斋与徐元叹（即徐波，
明遗民）见之。"

顾氏的《清嘉录》记载："十八日昏时，

游石湖观宝带串月。"顾侠君还有一首长诗，记录宝带桥观串月的情状，即我们上文提到的《串月歌》。

再来看沈朝初有《忆江南》："苏州好，串月看长桥，桥碎重重湖面阔，月光片片桂轮高。此夜爱吹箫。"从这些诗词中看得出，当年宝带桥看串月是热闹非凡的，大船小舟云集，箫音歌声不断，饮酒品鲜，依栏赏月。苏州人实在是很好客，也很有雅兴。

三说是从上方山顶望湖亭上远眺，可见行春桥与宝带桥下月光流泻，连成

一片，共见 62 个圆月（行春桥 9 孔加上宝带桥 53 孔的合计数）。如清代徐崧在《八月十八日楞伽山看串月》的长诗中有过一段描述："昔人所见更奇绝，宝带桥横作天阙，玉轮初出无纤云，六十二拱各一月。"

2. 何时看串月？

一般来说，在八月十八日就可以看到串月。又说十七日和十九日前后一日，也能看到串月。当地人说，二月十八日亦见串月。具体发生的时间，从以上引文、引诗中可以看到有昏时（天黑时）、月光初起时和半夜三种说法，莫衷一是。甚至还有一说是中秋夜到宝带桥下看串月的。有首古诗中说得很清楚："瑶台失落凤头钗，玉带卧水映碧苔，待到中秋明月夜，五十三孔照影来。"

3. 有谁真正看到过"串月"奇观？

查阅了许多前人的记载和诗文，钱牧斋说自己看到过这种奇景，但他又说：

若月出时云气遮蔽或月已上桥，即无此景。其他人的诗文中，都是含糊其词，仅是描写月光、湖面和长桥的景色，对串月奇观并无具体确切的描述。相反，有人直率地指出，所谓看串月其实徒有虚名。

如《吴中竹枝词》："秋风十里绿蒲生，串月看来虚有名。十八桥环半遮没，渔灯一点水边明。"其实这种串月奇观，要月光出土，正对环洞，方见一环一月。这是在特定的时间、地点和条件下，

才能出现的一种自然景观，转瞬即逝，故不易被人们所见。前往看串月的人虽多，而真正能看到的人，却寥寥无几。

对于前人的真真假假，我们不必太过苛刻，毕竟赏花弄月就是种感性活动，没必要一板一眼锱铢必较。否则的话，李白的"白发三千丈"，杜甫的"感时花溅泪"，统统不合常理，都要被遗弃到常人的审美范围之外了。

何地何处得见"串月"奇观、谁人真正见得已不重要。重要的是对原本平淡的生活，用诗意的心去对待。

四、宝带桥之谜

对于那些做学问的专家学者们来讲，宝带桥可谓是一座谜一般的桥梁。历代桥梁专家、历史学家，不断地从这座年代久远的桥上发掘出愈来愈发人深思的问题，例如宝带桥桥孔中，为何中间三孔特别高？前文已经提到的"串月"，是否确有其事？宝带桥为何不设桥栏？宝带桥为何采用薄性桥墩？关于宝带桥清末炸毁时间，为何史籍记载有出入？针

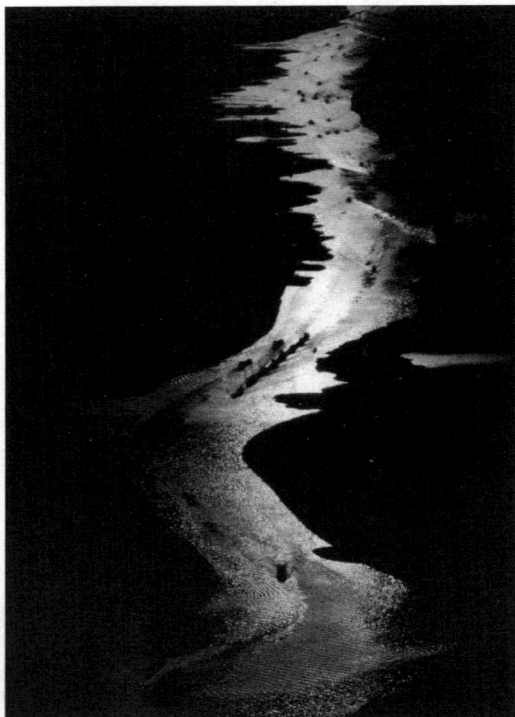

对这些问题，大量专家学者作了翔实的考察考证与探索，得出了很多既有益于科学界又有益于普通民众的解答与结论。

（一）谜案之一

宝带桥谜案之一是由茅以升提出来的，今天所见的宝带桥，系石拱形式，有桥洞五十三孔，其中三孔特别高，很像明代 (1445 年) 重建的宝带桥。然而，宝带桥最初的形制是否也就是唐王仲舒助资修建的桥，是否也是五十三孔中有三孔特别高呢？当然有待于考证。明代重修之前的宝带桥是座木架便桥，在木便桥之前的五百年中，四百年是唐代的桥，一百年是宋代的桥。宋代的拱桥现存的还无中间突起的例子，至于唐代，已有隋代建的赵州桥为证，所以将宝带桥修成石拱很有可能，甚至是为了便于

行船，对桥洞做了特殊设计。这样说来，

宝带桥可能在唐代就早有规模了。

（二）谜案之二

宝带桥谜案之二是串月。宝带桥

五十三孔各孔都为圆弧，接近于半圆形，

属于陡拱。陡拱的拱脚对桥台桥墩所施

的水平推力较小，对桥石桥墩有利。陡拱的桥孔下净空较大，便于行舟，也利于流水。从造型方面说，桥孔本身与水中倒影均为半圆，虚实相接，合为整圆，波光粼粼，秀丽异常。传说每逢阴历十五明月当空时，五十三个桥洞下，各衔一月，景色迷人。无名氏留下这样的诗句："瑶台失落凤头钗，玉带卧水映碧苔，待看中秋明月诗，五十三孔照影来。"串月，

在我国古代桥梁中有多处具此奇景。苏州荼磨山下石湖畔的行春桥，有九个环洞，"长虹卧波，空水映发……八月十八日夜，吴人于此串月，画舫徵歌，欢游竟夕"。"串月"一景究竟是真实出现还是凭空虚拟？古代建筑设计中缘何会造就"串月"的奇观？这些疑问都有待人们去破解。

（三）谜案之三

　　茅以升称宝带桥为"艺术上的名桥"，明代王宠有诗云："春水桃花色，星桥宝带名，鲸　吞山岛动，虹卧五湖平。"此桥如此精美，桥孔之多又为国内众桥之冠，为何没有栏杆？既危险又影响桥的造型美。要解开这第三个谜，不能不从开发大运河说起。

隋朝为了大规模发展漕运，于大业六年(610年)开凿运河南段，自镇江经苏州到杭州，全长八百多里，称为南运河。唐都长安，为了保证京师的粮食需求，必须从南运河将江南的稻米调运入京城，而粮船的运行，沿途需要纤夫在岸上背纤牵引。但在澹台湖与运河交接处，有个宽约三四百米的大缺口，纤夫不能通行，于是就在这里填土作堤，"以为挽舟之路"。可是土堤切断了湖水经吴淞江入海的通路，堤坝也常被河水冲毁。

为方便过往客商、保障运输，王

仲舒策划兴建此桥。宝带桥是为背纤人建的，所以不具有江南常见的石拱桥陡而高的特点，而是采用了多跨、狭长和平坦的桥型，同时也不设桥栏。这是宝带桥谜案之三。

（四）谜案之四

薄性墩之谜是第四谜。宝带桥突出优点是桥墩很薄，而早先的石拱桥，桥

墩都是很厚的。这与施工方法有关，因为拱桥只能一孔一孔地向前建造，要考虑桥墩的厚度能否承受单侧向的拱推力，故砌筑得很厚。这样的厚墩，既挡水，又费工。宝带桥的建造者根据相邻桥孔的推力可以相互平衡的原理，大胆革新，创造了薄型桥墩。这是拱桥建桥史上的一大进步，宝带桥比欧洲的薄墩桥要早数百年。薄墩多孔拱桥也有缺点，因为

桥墩尺寸小，容易侧移变形，只要一孔受力，其余各孔就会产生连锁反应，因而此种拱桥又称为连续拱桥（连拱桥）。连拱桥的桥墩在恒载时，左右两边的拱推力基本平衡，因而不至于被推倒。可是一旦有一孔被破坏，桥墩两边的推力失去平衡就可能会倾倒，甚至牵一发而动全身，导致全桥尽毁。为了避免这种状况，我国古代桥工在北端数起的第二十七号墩，设计了两个桥墩并立，这

个墩上面建有"镇妖宝塔"。由于这个桥墩的尺寸过大，可承受来自单边的拱推力而不会被推倒。现拱桥中称此种桥墩为单推力墩，亦称制动墩，或刚性墩，一般每隔三到五孔设置一个。宝带桥能如此设置，表明我国古代的能工巧匠在那时就已深明薄墩连拱的这一受力特性了，这是我国古代建桥的先进性之所在。

（五）谜案之五

清同治二年 (1863 年) 九月二十八日的傍晚，宝带桥突然在几声巨响中，从中间一孔开始往北一孔一孔地崩塌，一下子倒塌了二十七个孔，桥上当即有两人葬身河底。后经林则徐主持，花工料六千六百七十余两得以修缮。宝带桥何以突然倒塌，地方志上并没有记载。《苏州志》及《吴县志》对宝带桥倒塌一半

的原因，只字不提，仅以"咸丰十年(1860年)又毁，同治十一年(1872年)工程局重建，北挽建有碑亭"这样的记载列入志书。这段文字不仅隐去了宝带桥被毁的真相，而且还把被毁的时间即同治二年(1863年)改为咸丰十年(1860年)，提前了三年。这是为什么呢？

要解开这第五个谜案，必须弄清咸丰十年苏州一带发生了什么历史事件。原来，太平天国军队在这一年进入苏州，宝带桥并未大毁。

志书撰写者将大毁时间提前三年，恰是太平军进入苏州之时，误导读者把毁桥之事与太平军入城之时联系到一起，以归罪于太平军。还有一个叫姚济的人，写了一篇《小沧

桑记》，公然写道："闻宝带桥被贼拆去。"

这个"贼"指的是太平军。这些记载大

大歪曲了历史真相。直到宝带桥于 1863

年毁崩的一百多年后，即 20 世纪 70 年

代末，这个错误才被纠正过来。

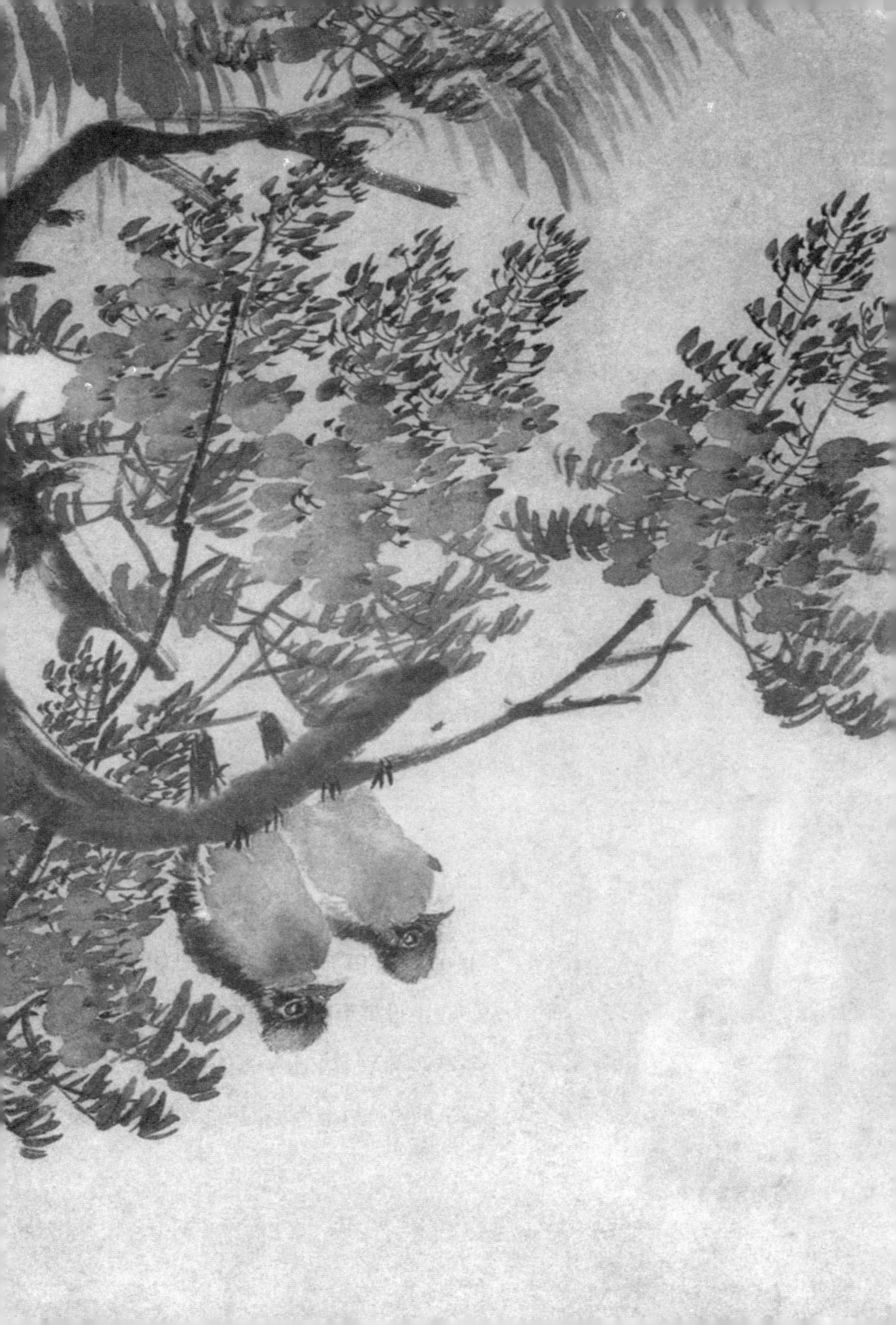

五、从宝带桥到苏州古桥

　　要看宝带桥，就不得不到苏州。而到了苏州，你又怎能只看这一座桥呢? 要了解宝带桥，你得先了解苏州和苏州的古桥。

　　宝带桥，不是苏州古桥册的终点，而是一个刚刚开始的起点。宝带桥，只不过为我们展开了一个局部的卷轴，真正的面貌还有待一双善于发现的眼睛和一颗善于感受的心灵。

和人一样，每一座桥都有自己的故事。苏州有着两千五百年的文明历史，更有名扬四海的古典园林和文物古迹。但苏州园林，都深锁于高墙之内。若想领略唐代诗人杜荀鹤笔下"君到姑苏见，人家尽枕河，古宫闲地少，水巷小桥多"的水城风貌，唯有踏访具有古城特色的

一座座外形优美、线条柔和、气势雄伟、
给人以美感且各具特色的古桥了。

（一）有趣的对比

上文已经提到，宝带桥正是以其桥
孔之多、桥身之长、结构之精巧成为苏
州古桥中的一朵奇葩的。

　　而在苏州古桥中，还有哪些特点显著的桥呢?

　　苏州最高的桥是吴门桥，位于盘门外，跨古运河（南护城河），北宋元丰七年（1084年）建。宋《平江图》载，原为三桥相连，下设三洞，故名"三条桥"。南宋绍定年间改建为整体石级拱桥。盘门系当时苏州正南城门，此桥乃"步入吴门第一桥"，故名吴门桥。它与附近的水

陆古盘门、千年瑞光塔一道，组成盘门
三景。吴频迦云："古桥耸立誉吴城，傲
视磐关势更英。千载胥涛桥下过，奔流
不尽古今情。"

　　苏州最古老的桥是乌鹊桥，始建于
春秋，因其地设有吴王乌鹊馆，故名。
直至清末民初，其规模之宏伟，仍属城
内石拱桥之冠。据称，拱桥之顶与玄妙

101

观三清殿等高，桥体用武康石构成。雨后斜阳，明丹莹紫，至为壮观。白居易有"乌鹊桥红带夕阳"之句，明代高启亦诗云："乌鹊南飞月自明，恨通银汉水盈盈。夜来桥上吴娃过，只到天边织女行。"

苏州最有名的桥是枫桥，位于寒山寺旁，跨古京杭运河。据传旧时皇粮北运，经该河段时禁止其他船只通行，故

名"封桥"。后因唐张继《枫桥夜泊》诗而衍为今名。南宋范成大《吴郡志》云："枫桥自古有名，南北往来之客经由，未有不憩此桥而题咏者。"唐代杜牧云："唯有别时今不忘，暮烟秋雨过枫桥。"高启亦有"画桥三百映江城,诗里枫桥独有名"之句。枫桥始建年代不详，现桥为清代乾隆三十五年（1770 年）重建，咸丰十年（1860 年）被毁，同治六年（1867 年）又重建。

　　苏州最漂亮的桥是行春桥，位于城西上方山路。始建年代无考。南宋淳熙十六年（1189 年）修。范成大《行春桥

记》云:"吾门以西,横山以东,往来幢幢,如行图画间。凡游吴而不至石湖,不登行春,则与未始游者无异。"明代成化、崇祯年间先后重修,并增石栏。桥为半圆九孔连拱,全长 54 米,花岗岩砌筑。长系石则为武康石,端部雕兽面系宋代旧物。条石栏板,各望柱头雕蹲狮。桥身平缓,势若长虹。旧时苏州农历八月十八日有游石湖、看行春桥下串月之俗,

其时，明月初起，桥洞中月影如串，游人倾城而出，游船如织，歌舞音乐通宵达旦。元代郑元《行春桥》云："醉拥捧心过，韶华艳绮罗。至今湖嘴上，彩霞卧沧波。"清代顾希亦云："行春桥下午风和，画舫楼船次第过。"清代尤侗又云："常是携儿看串月，行春桥畔听吹箫。"

　　不仅是长度，宝带桥的可圈可点之

处还有桥孔的数量及结构的巧妙。而在苏州城内，还有一座桥——觅渡桥，也值得一书。尽管它是座单孔石桥，但就规模巨大、雄伟壮观和结构轻巧而论，丝毫不输于宝带桥。

觅渡桥现为市级文物保护单位。桥体为东西走向，在桥东有南北向五级石阶，登上台阶是一个四米见方的平

台，转向西侧就上了正桥。正桥东侧有四十四级石阶，西侧有五十一级石阶。现因年久失修，台阶上已有裂痕，在西侧台阶半数以上及桥顶和东侧台阶上皆有杂草丛生。桥两边有一米多高的桥栏，桥栏上南北均有十七根石柱，每两根石柱间的栏板上各有六个平行四边形石孔，大小约三十厘米见方。

据《苏州旅游经济大全》一书记载："觅渡桥始建于元大德二年（1298年）。当时的苏州已是江南重镇，城市经济相当发达，过往商旅众多，赤门湾是去葑门的必经之地，可是仅有渡船可供来往。渡船则借以横暴，欺凌行人，或趁风晨雨昏之机，颠越取货。相传当时有昆山僧人敬修几遭其厄，遂发起募捐建桥，历时两年，桥方建成，名灭渡桥，后人皆称为觅渡桥。该桥气势不凡，工巧精致，

市民及南来北往的商旅无不为之称庆。由于觅渡桥地处水陆要冲，历史上为军事据点和税卡所在，曾发生过多次重大斗争。明万历三十二年（1604 年）税吏黄建节驻镇于此，凡乡民人等路经这里，只鸡匹布都要征税。市民领袖葛成率众发动了震惊明王朝的反税监斗争。1862年太平军重兵驻守该桥，重创了戈登领导的洋枪队。1895 年丧权辱国的《马关

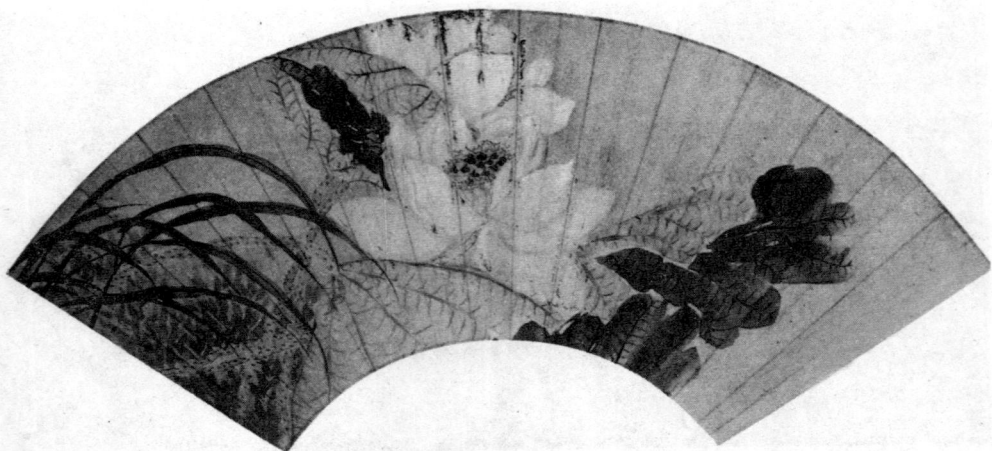

条约》签订后，这里又成了'租界'的要津，由洋人任税务司的'苏州税关'也设在觅渡桥西堍，扼守税关，俗称'洋关'，激起苏州人民的强烈反抗。"《中国历史文化名城词典苏州》一书中记载："明正统年间，苏州知府况钟重建觅渡桥，清同治重修。"现在的觅渡桥为1985年重修的。

（二）苏州古桥的讲究

宝带桥上建有石狮和碑亭，既丰富

了桥的内容，又显示了官府造桥的气派。原来桥埔南、北两端各竖有石狮一对，而在北堤和自北数第二十七至二十八孔之间的河道上，各建有石塔一尊，做镇水之用。

这些都是建桥的讲究。但要提到苏州古桥的讲究，可不止建塔、镇石狮子这么简单，其中的内容蔚为大观。

单从流于表面的装饰手法上了解，这里面的学问就大了。

1. 桥身装饰。桥身装饰具体题材有动物纹样、宗教纹样、吉祥纹样等几种类型：常见的动物纹样有龙、狮子等形象，这些动物纹样作为装饰的一种表现题材，始终存在于人们的传统意识之中，并常常被装饰于各种建筑物上，以借助它降妖伏魔，去邪呈祥。

常见的宗教纹样有"轮回"和"莲

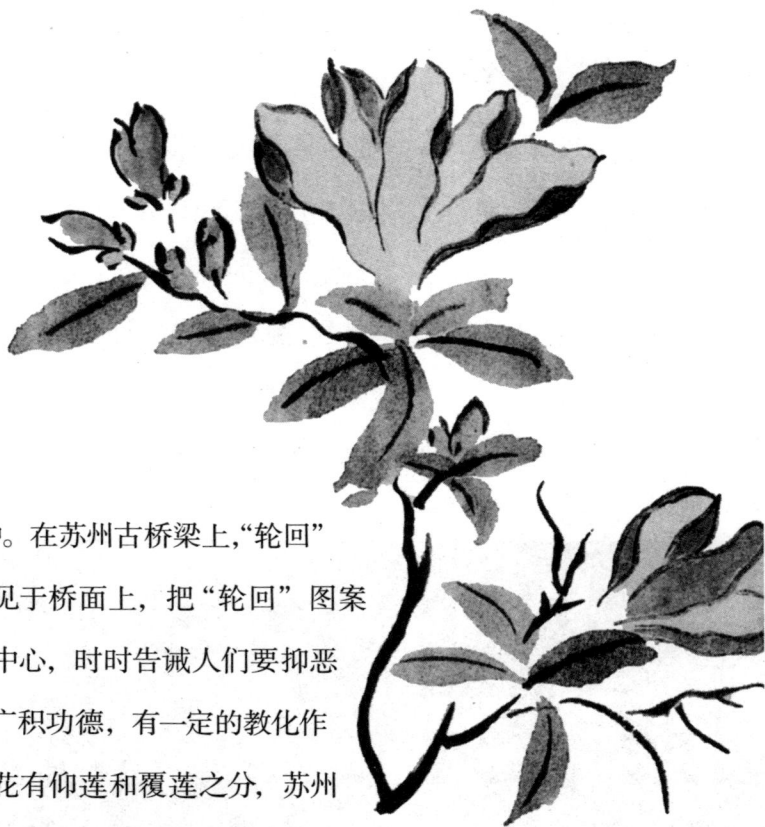

花"两种。在苏州古桥梁上,"轮回"
图案多见于桥面上,把"轮回"图案
刻在桥中心,时时告诫人们要抑恶
扬善、广积功德,有一定的教化作
用。莲花有仰莲和覆莲之分,苏州
古桥梁上所刻的莲花,多在望柱头,
常见形状是向外开放的莲瓣中再刻一个
莲蓬。在苏州桥梁的排柱或券石上也都
有莲花的图案,玉盘似的荷叶托着含苞
欲放的莲花,刻工精细、层次丰富,给
人以赏心悦目之感。

　　吉祥纹样在古桥梁上运用非常多,

而且题材广泛。常见的有"八吉祥""如意""八宝纹""暗八仙"等装饰图案，这些图案多见于装饰在苏州古桥梁的船鼻子上或锁石上，有些图案偶尔会出现在两块桥面的石梁之间。

2. 附加装饰。附加饰纹一般都直接刻在桥梁建筑本身上，作为桥梁的附属石刻的石塔、石幢、石敢当虽然与桥

梁分开，但也属于桥梁装饰的一部分，它们具有敬佛意味，并能起到镇百鬼、压灾殃、保安康、起辟邪的作用。这些附属装饰反映了广大劳动人民对幸福安康生活的渴望。

从总体上看，苏州古桥有自己的装饰特点

1. 装饰结构多样且多变。古桥装饰

表现具体形象，以单位纹为主，且结构形式随表现内容的变化而变化。主要表现形式有球心、放射、对称、相向、平衡、交叉、穿插诸式等，均以圆满为基本特色。如上津桥桥面上的轮回装饰纹样，形成充满张力的环形结构，当中刻有一个圆圈表示圆心，外围的光束是围绕这一点旋转的，同时在光束的表现上又多富于变化。西园寺桥面上的五福捧莲花的装饰纹样，以圆满为特色进行具体的雕刻，以适应桥面外方内圆的装饰形式特色。

2. 装饰造型生动、简练、富于变化。造型上的生动简练，富于变化是古桥装饰中的又一特点。如相门桥桥墩上龙的塑造，如用几根相对细弱的线条来画出水涡的形状；苏州莫邪路上的永林通贵桥，抱鼓石上的旋涡，以极其简练的刻画，表现出龙的腾飞之态和涡形旋转的力度。

3. 表现手法丰富多彩。古桥梁的装饰表现手法上，除浮雕的块面造型外，

还有浅雕、深雕、镂雕等其他造型形式，以表现不同的内容和风格。如同里乌金桥桥面上的"马上报喜"装饰纹样，采用浮雕的形式；上津桥的抱鼓石上的"太极"装饰纹样，采用浅线刻的形式；灭渡桥桥上龙筋石上的"狻猊"装饰纹样，采用深雕的形式；私家独用的"暖桥"的栏杆上则采用镂空装饰的手法。

装饰只起到美观的作用，对于一座桥来说，真正重要的是结构和造型。而提到这其中的渊源，就说来话长了。

苏州的古桥，在唐代主要是木桥，

宋以后多为石桥。结构分为石拱桥和梁
式平桥二种，以石拱桥为多，便于桥下
通航。大多数古桥在明清时曾修缮过或
重新建造。现存最古老的是宋代桥梁，
用料都是花岗岩和武康石，许多桥上的
石栏杆还有精雕细刻的各种图案，并刻
有桥名、桥联。各式古桥，种类繁多。

从目前来看，苏州古桥大多是单孔或多孔的石拱桥，结构合理、造型精巧，给人以玲珑稳重的感觉。桥身中部驼峰高耸，两端接近步阶，形成环洞桥，结构有有铰拱和无铰拱两种，而苏州的石拱桥大多数属于有铰拱，这种结构，附加应力小，拱圈比无铰拱跨径大而轻巧。这里因地处长江下游冲积平原，河流平缓，表土层较厚，许多桥梁建造在软弱的地基上，为保证桥身的安全稳定，防止下沉，采取了一些措施，最常见的是采用木桩打地基的办法，以加强基础的牢固。

此外，江苏古石拱桥不单造型优美、用料考究、工艺精湛，就是古老拱桥的护拱石、栏板、栏杆、抱鼓、桥柱、对联、踏步等雕刻亦相当精美。南京、苏州、扬州的园林水池里的石桥，形式多样、线条简洁、轻巧素雅，由于石桥外形的起伏，随着曲线的上下，展示了不同角

度的景致，更增加了园林的幽美景色。

既然造型种类这么多，装饰手法这么丰富，造一座桥时，怎么才能从浩如烟海的样式中选择最合适的那一种呢？

苏州古桥之所以让人看也看不完，看也看不厌，就在于建桥的人们懂得在什么地方该建什么样的桥，同周围的风景配合得相得益彰。

在街坊民居中，有独家使用的"暖桥"和跨河桥；在园林中大多是曲桥和廊桥；在人流或航行频繁的主要航道上，建有"亭桥"，或在桥头建有凉亭，便于行人休息。风格各异的古桥，就像一道道临空飞虹，使水巷风貌更为丰富多彩。苏州最古老的桥是乌鹊桥，始建于春秋，因其地设有吴王乌鹊馆，故名。直至清末民初，其规模之宏伟，仍属城内石拱

桥之冠。据称，拱桥之顶与玄妙观三清
殿等高，桥体纯用武康石构成。雨后斜
阳，明丹莹紫，至为壮观。白居易有"乌
鹊桥红带夕阳"之句，明代高启亦诗云：
"乌鹊南飞月自明，恨通银汉水盈盈。夜
来桥上吴娃过，只到天边织女行。"

　　总而言之，江苏古桥梁反映了江南
建筑的特色，不管在建筑的技术和艺术

上都显示出江苏地区风格，成为江苏水
乡最富有代表性的建筑。

（三）苏州古桥的历史文化内涵

苏州每一座古桥的命名，都是有来
历的。这些名字，成为其历史文化内涵
的一个标签。

在今阊胥路上有一座泰让桥，追溯
此桥名的历史就要从吴人的祖先讲起。
据史料记载，商代末年，居住在西北的

周族逐渐兴起，周族首领古公亶父有三个儿子，太伯、仲雍和季历。古公亶父认为季历常有"圣瑞"，想把王位传给他。太伯、仲雍知道父亲的意图后，都同意让季历继承周族君位。

他俩趁古公亶父生病，借口要去南岳衡山采药为父治病，到了江南，住在梅里平墟（今锡山梅村）。与中原比较，

此时江南地区还很落后。太伯、仲雍到吴地后，"断发文身"，改从当地风俗，加入越族。不久他们的德行受到当地居民的钦佩，由"义之""敬之"到"君而事之"，"从而归之者千有余家，共立以为勾吴"。

一个弹丸小国"勾吴"国就是这样建立起来的，吴国的历史由此开始。太伯、仲雍也成了吴国的开山鼻祖。

古公亶父病重临死前，遗命太伯继位，太伯三让而不受，所以有"太伯三以天下让"之说。季历即位，兢兢业业治理国家。其孙发即武王，武王伐纣灭商，建立西周。周武王追谥古公亶父为太王，封太伯之后于吴。

泰让桥就是取材于这段历史而命名的。太伯、仲雍以国家大局为重，主动让贤，甘愿到贫穷落后的吴越地区开创

基业，这种淡泊名利的思想境界和吃苦
耐劳的精神是值得称道的。

皋桥，位于东、西中市交会处，因"汉
议郎皋伯通居此桥侧"而命名。探究此
桥历史，还有一段夫妻患难与共、相敬
如宾的佳话。皋伯通一生无多大政迹，
但他做过一件善事，就是收留了恩爱夫
妻梁鸿、孟光。所谓"不有贤主人，安

识隐君子"。

梁鸿，东汉初扶风平陵人（今陕西咸阳西北），"家贫而尚节介，博览无不通，而不为章句"。他与妻子孟光隐居于霸陵山中，有一次梁鸿因事出关，经过洛阳，看到宫室华丽，感慨万千，写下《五噫歌》："陟彼北芒兮，噫！顾览帝京兮，噫！宫室崔嵬兮，噫！人之劬劳兮，噫！辽辽未央兮，噫！"

梁鸿的这首《五噫歌》在京城广为流传，同时也引起了统治者的忌恨。朝

廷下令缉拿梁鸿，梁鸿夫妇隐姓埋名，一路逃到吴地的木渎西北山村，在那里耕樵度日，后又寄居在皋伯通的廊下小屋内，"为人赁舂"。沦落至此，夫妇仍旧相敬如宾。每次梁鸿吃饭时，孟光总要举案齐眉，以示对丈夫的敬爱。皋伯通终于发现梁鸿非等闲之辈，便"舍之于家"，待之上宾。梁鸿去世后，皋伯通又妥善安葬了他，"以要离烈士，而伯鸾清高，可令相近"。

花桥，曾因唐代大诗人白居易的诗

句而著名。白居易任扬州刺史期间，非常想念苏州的花桥，写有"扬州驿里梦苏州，梦到花桥水阁头"的诗句。花桥与丝织业结下了不解之缘，民国初年时，桥上建有木结构的桥阁，内供丝织业的

祖师菩萨，桥的西堍还有一座土地庙，机匠们找不到工作就常在庙烧香祈祷。

苏州历代一直沿袭思民、爱民之风，有些桥的名称就来源于此。如同里的"思本桥"，桥名取自"国以民为本，民以食为天"的思想。

苏州古桥梁不仅有很深的造型造诣，而且建筑工艺和文学艺术的结合也很完美，这一特点在众多古桥梁的楹联上都有所体现。桥联的内容包括宗教劝善、记功颂德、地理状况、结构特征和民风习俗等。桥联上和桥碑上的书法非常精湛，所以桥联是集书法美、工艺美为一体的桥梁装饰要素。

有的古桥将文学语言巧妙地融入桥梁建筑的设计环境中，为人们鉴赏古桥提供了方向。如苏州著名的枫桥及名诗《枫桥夜泊》，便深化了这座古桥的文化意蕴。

古桥梁的命名还具有深刻的意蕴和

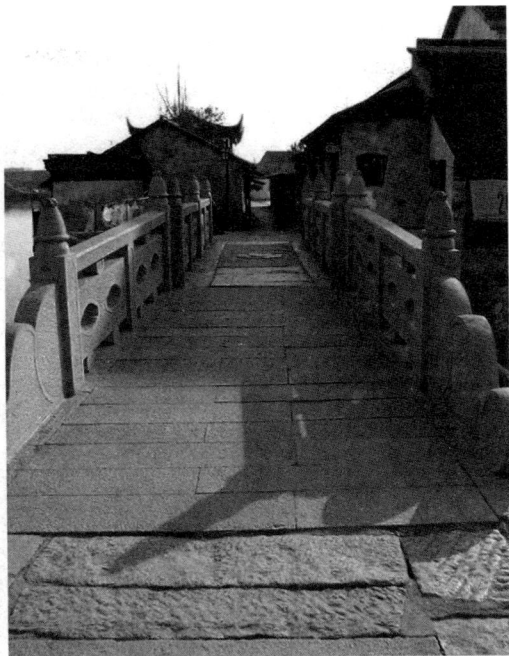

丰富的情趣。很多以吉祥的字眼来命名，
如富安桥、太平桥、吉利桥、永寿桥等；
还有一些因造型形态而得名的。苏州的
古桥实在多，传说也多，不胜枚举。总
的来说，尽管年代久远，但无论桥名、
桥联、建筑特色还是关于它们的种种古
老传说，无不蕴涵着丰富的文化内涵和
历史韵味。